BEI GRIN MACHT SICH IHR WISSEN BEZAHLT

AF167254

- Wir veröffentlichen Ihre Hausarbeit, Bachelor- und Masterarbeit

- Ihr eigenes eBook und Buch - weltweit in allen wichtigen Shops

- Verdienen Sie an jedem Verkauf

Jetzt bei www.GRIN.com hochladen und kostenlos publizieren

Bibliografische Information der Deutschen Nationalbibliothek:

Die Deutsche Bibliothek verzeichnet diese Publikation in der Deutschen National-
bibliografie; detaillierte bibliografische Daten sind im Internet über http://dnb.d-
nb.de/ abrufbar.

Impressum:

Copyright © 2019 GRIN Verlag
Druck und Bindung: Books on Demand GmbH, Norderstedt Germany
ISBN: 9783346063359

Dieses Buch bei GRIN:

https://www.grin.com/document/506996

Kerem Kocaoglu

Umgang mit Tätern nach dem Ende des NS-Regimes

Der Prozess von August Wilhelm Reinartz in den Majdanek-Prozessen

GRIN Verlag

Inhaltsverzeichnis

1. Einleitung

In der vorliegenden Arbeit geht es um den Umgang mit Tätern nach dem Ende der national-sozialistischen Diktatur am Beispiel August Wilhelm Reinartz' während der Majdanek-Prozesse. Im Mittelpunkt dieser Arbeit steht die Forschungsfrage, inwiefern die Täter nach dem Ende des nationalsozialistischen Regimes zur Rechenschaft gezogen wurden. Diese Problematik ist von besonderem Interesse, weil die Folgen des nationalsozialistischen Regimes bis heute nicht an Relevanz verloren haben. Es ist das Ziel der Arbeit, die Urteile gegen die Täter des nationalsozialistischen Regimes am Beispiel des SS-Unterscharführers[1] August Wilhelm Reinartz zu untersuchen, dabei werde ich neben der Schuld aus der juristischen Sicht, auch die moralische Schuld, während des Verfahrens heraus kristallisieren und an seinem Beispiel ermitteln, wie die Strafverfolgung von nationalsozialistischen Gewaltverbrechern und deren Verurteilungen abgelaufen sind und herausarbeiten, ob die moralische Schuld im Gericht aufgegriffen wurde. Außerdem soll mit dieser Arbeit ein Beitrag dazu geleistet werden, zu verstehen, wie und ob die Ereignisse durch dieses Verfahren geklärt wurden. Darüber hinaus besteht auch ein persönliches Interesse an dem Verfahren gegen August Wilhelm Reinartz, da die Zeugen ihn allgemein als einen *„guten Menschen"* beschrieben, was widersprüchlich zu dem Verhalten der anderen SS-Männer ist, weil diese eher ein brutaleres Vorgehen gegen die Häftlinge bevorzugten.

Zur Beantwortung der angebrachten Forschungsfrage wird in dieser Arbeit wie folgt vorgegangen: Zunächst werden die Majdanek-Prozesse im Allgemeinen beschrieben und anschließend folgt die Biografie des in diesem Prozess Angeklagten August Wilhelm Reinartz, um ein allgemeines Verständnis über die Thematik entwickeln zu können. Dafür werde ich mich mit den Ereignissen vom 3. und 4. November 1943, die mit dem Decknamen „Aktion Erntefest" betitelt worden sind, auseinander setzten, um ein Basiswissen zu schaffen. Dies soll dazu beitragen, dass einige Tatbestände August Wilhelm Reinartz' in den Majdanek-Prozessen verständlich sind. Umfassend werden das Gerichtsverfahren gegen August Wilhelm Reinartz im polnischen Majdanek-Prozess und die darin getätigten Zeugenaussagen aufgeführt, sowie die Urteile der Düsseldorfer Majdanek-Prozesse. Im Anschluss daran werde ich mich mit kritischen Positionen zum Düsseldorfer Majdanek-Prozess auseinandersetzen. Die Arbeit schließt mit einer Zusammenfassung der gesammelten Erkenntnisse ab. Schlussendlich stelle ich, mit Hilfe dieser Erkenntnisse einen Bezug zu meinem Aufenthalt im Konzentrationslager Majdanek auf.

---

1 „SS" = Schutzstaffel ; „Unterscharführer" = Niedrigster Rang der Dienstgradgruppe der Unteroffiziere des Schutzstaffel.

2.1 Die polnischen Majdanek-Prozesse

Der erste polnische Majdanek-Prozess fand im Zeitraum vom 27. November bis zum 2. Dezember 1944, noch vor Kriegsende statt.[2] Dieser Prozess wurde von dem in Lublin installiertem Sonderstrafgericht vom 12. September 1944 geführt und fand gegen „[...] vier rangniedrige Wachmänner und zwei Kapos des KZ-Lublin-Majdanek"[3] statt. Es war „[...] der erste Prozess wegen nationalsozialistischer Verbrechen in Polen und gleichzeitig eines der ersten Verfahren gegen NS-Kriegsverbrecher überhaupt".[4] Die Angeklagten waren der SS-Obersturmführer *Anton Ternes*, der SS-Schütze *Hermann Vogel*, der SS-Hauptscharführer *Wilhelm Gerstenmeier*, der SS-Rottenführer *Theodor Schöllen* und die beiden Funktionshäftlinge *Heinz Stalp* und *Edmund Pohlmann*.[5] Mit diesem Verfahren und der Einrichtung des Sonderstrafgerichts versuchte die damalige Regierung eine „strafrechtliche Normalität" wiederherzustellen.[6] Der Gerichtshof bestand „[...] aus dem Vorsitzenden, Richter *Bohdan Zembrzuski*, und zwei Schöffen[7]- einer Frau und einem Mann [und] als Ankläger agierten die Staatsanwälte *Neryk Cieśluk* und *Dr, Jerzy Sawicki"*.[8] Das Gericht orientierte sich an der PKWN[9] vorgegebenen juristischen Grundlage, dem sogenannten „Augustdekret", welches auch als „Dekret über das Strafmaß für die hitlerfaschistischen Verbrecher, die der Tötung und Misshandlung von Zivilbevölkerung und Kriegsgefangenen schuldig sind, sowie für die Verräter der polnischen Nation" bezeichnet wird.[10] Diese sah für viele Delikte die Todesstrafe vor, welche auch von der Bevölkerung die „[...] [durch] Rachegefühle und dem Wunsch nach harter Bestrafung der deutschen Verbrecher und ihrer einheimischen Helfershelfer"[11] gefordert wurde. Der leitende Gerichtshof setzte mit der Einhaltung der rechtsstaatlichen Verführungsregeln den Grundstein, für Gerichtsverfahren gegen Nationalsozialistischen Verbrechen.[12]

---

2   Claudia Kuretsidis-Haider, Irmgard Nöbauer, Winfried R. Garscha, Siegfried Sanwald, Andrzej Selerowicz (Hrsg.): Das KZ Lublin-Majdanek und die Justiz Strafverfolgung und verweigerte Gerechtigkeit: Polen, Deutschland und Österreich im Vergleich, Graz, 2011, S. 88.

3   Ebd.

4   a.a.O, S .89.

5   Vgl. ebd.

6   Vgl. ebd.

7   Ehrenamtlich eingesetzte Richter.

8   Claudia Kuretsidis-Haider, Irmgard Nöbauer, Winfried R. Garscha, Siegfried Sanwald, Andrzej Selerowicz (Hrsg.): Das KZ Lublin-Majdanek und die Justiz Strafverfolgung und verweigerte Gerechtigkeit: Polen, Deutschland und Österreich im Vergleich, Graz, 2011, S. 91.

9   Das auf polnisch sogenannte *„Polski Komitet Wyzwolenia Narodoweg"* (=Polnische Komitee der Nationalen Befreiung, kurz PKWN) bezeichnete, die von der Sowjetunion gegründete Komitee, dass das ab 1944 besetzte Gebiet der Roten Armee zwischen Weichsel und Bug regierte.

10   Claudia Kuretsidis-Haider, Irmgard Nöbauer, Winfried R. Garscha, Siegfried Sanwald, Andrzej Selerowicz (Hrsg.): Das KZ Lublin-Majdanek und die Justiz Strafverfolgung und verweigerte Gerechtigkeit: Polen, Deutschland und Österreich im Vergleich, Graz, 2011, S. 90.

11   Vgl. ebd.

12   Vgl. ebd.

Der Augenzeuge Edmund Dimitrów, beschrieb in seinem im Jahre 1980 veröffentlichten Buch den Vorabend des Prozesses und schilderte, dass „die Angeklagten [...] auf dem Weg zum Gericht beinahe gelyncht worden [wären] [und] die Bewacher versuchten über längere Zeit vergeblich, die hasserfüllte Menge durch Schüsse in die Luft zurückzudrängen. Zeitungsberichten zufolge retteten erst auffahrende Panzer Angeklagte und Bewacher vor dem Tod".[13] Am Prozesstag kam es schon zu Komplikationen seitens der Pflichtverteidiger der Angeklagten. Sie beantragten beide eine Entbindung von der Aufgabe als Pflichtverteidiger, dies begründete *Anton Ternes* Verteidiger *Kazimierz Krzymowski* mit seiner „[...] persönlichen Betroffenheit [...]"[14] und *Wilhelm Gerstenmeiers* und *Anton Vogels* Verteidiger *Wojciech Jarosławski* begründete seinen Antrag damit, dass „[...] die Angeklagten ausschließlich dazu abgestellt waren, Angehörige anderer Völker umzubringen, und nicht, [um ihre] Heimat [kriegerisch zu verteidigen] [...] [und weil sie] auf dem Gelände des Todeslagers Majdanek die scheußlichsten Verbrechen begangen haben [und deshalb] könne er als Pole und als Advokat, der zum Schutz von Recht und Gerechtigkeit, [...] die Verteidigung der Angeklagten nicht übernehmen."[15] Auch wenn der Staatsanwalt *Neryk Cieśluk* Verständnis für die Gründe der Pflichtverteidigung hatte, erinnerte er sie daran, dass das „[...]demokratische Recht auf einen Verteidiger für alle gelte [dies tat er] unter der Berufung auf das Augustdekret und die polnische Verfassung von 1921, welche jedem [...] das Recht auf einen Verteidiger [...] zuspricht" und bat die Verteidiger ihren Pflichten nachzukommen, was die Verteidiger zur Kenntnis nahmen und ihre Anträge zurückzogen.[16]

Nach dem die Anklageschriften vorgetragen worden sind, bekannten sich alle Angeklagten nicht schuldig, bis *Anton Ternes* umfangreiche Aussagen über die Tötungen der Häftlinge sowie über den Raub und Mord der Häftlinge im Konzentrationslager Majdanek machte.[17] Auch der Angeklagte *Heinz Stalp* machte Aussagen über einige Mordaktionen im Lager.[18]

An dem zweiten und dritten Verhandlungstag sagten einige Zeugen aus, darunter auch *Romuald Olszański*, ein polnischer Funktionshäftling, welcher detaillierte Aussagen über die „[...] Geschehnisse im Lager, die Struktur der deutschen Lagerbelegschaft, aber auch die Nationalität der Häftlinge" machte.[19] Unter den Angeklagten wurde *Edmund Pohlmann* schwer beschuldigt, jedoch beging er in der Nacht auf den 30. November 1944 Selbstmord in

13 Claudia Kuretsidis-Haider, Irmgard Nöbauer, Winfried R. Garscha, Siegfried Sanwald, Andrzej Selerowicz (Hrsg.): Das KZ Lublin-Majdanek und die Justiz Strafverfolgung und verweigerte Gerechtigkeit: Polen, Deutschland und Österreich im Vergleich, Graz, 2011, S. 90.
14 a.a.O., S .91.
15 a.a.O., S. 92.
16 Ebd.
17 Vgl. a.a.O., S. 93f.
18 Vgl. ebd.
19 a.a.O., S. 94f.

seiner eigenen Gefängniszelle.[20] In seinem Schlussplädoyer erwähnte der Staatsanwalt *Neryk Ciesluk*, dass „Hauptopfer der verbrecherischen Politik der NS-Führung Polen und Juden [seien], die Angeklagten seien Vollstrecker dieser Politik gewesen [und] aus all diesen Gründen sei einzig die Todesstrafe angemessen",[21]

Am 3. Dezember 1944 wurde das Urteil verkündet, welches alle fünf Angeklagte mit Tod verurteilte. Diese Todesstrafe wurde auf dem Platz neben dem Krematorium im Konzentrationslager Majdanek, am Galgen öffentlich vollstreckt.[22] Darüber berichtet die United Press am 6. Dezember 1944 aus Moskau wie folgt: „Die fünf Deutschen, die wegen ihrer Teilnahme an den Massenmorden im Vernichtungslager Maidanek zum Tode verurteilt werden, sind auf dem Hauptplatz von Lublin öffentlich gehängt worden. Eine Menschenmenge von etwa 25.000 war bei der Hinrichtung zugegen".[23]

Weitere polnische Majdanek Prozesse fanden im Zeitraum von 1945 bis 1952 statt, darunter auch der Prozess gegen August Wilhelm Reinartz vor dem sogenannten Sonderstraf- oder Kriegsgericht Lublin.[24] Vor diesem Gericht mussten sich vor allem die „[...] ehemaligen Mitglieder der Wachmannschaft und Bedienstete des KZ Majdanek, die aus alliierten Internierungslagern nach Polen überstellt [worden sind]" rechtfertigen.[25] Außerdem lieferten die Alliierten bis 1948 1.817 mutmaßliche NS-Täter an Polen aus, von denen wurden 120 Personen verdächtigt im Konzentrationslager Majdanek tätig gewesen zu sein und dort Verbrechen begangen zu haben. Von diesen Tätern wurden 95 vom Kriegsgericht Lublin verurteilt.[26] Wenn die Angeklagten von den ehemaligen Häftlingen, welche vor Gericht als Zeugen aussagten, nicht beschuldigt wurden im Konzentrationslager Majdanek verbrecherisch tätig gewesen zu sein, „[...] kamen sie mit einer geringeren Strafe davon, die aufgrund der Mitgliedschaft in der SS verhängt wurde [und] [...] viele dieser Verurteilten wurden lange vor ihrer Strafe entlassen und in die Bundesrepublik Deutschland überstellt [worden]".[27]

2.2 Der Düsseldorfer Majdanek-Prozess

Der Düsseldorfer Majdanek-Prozess war ein eigentlich für 1300 SS-Leute gedachter Prozess, welcher letztendlich gegen 15 Personen, darunter auch August Wilhelm Reinartz, begann am 26. November 1975, 31 Jahre nach der Befreiung des Konzentrationslagers

---

20 Claudia Kuretsidis-Haider, Irmgard Nöbauer, Winfried R. Garscha, Siegfried Sanwald, Andrzej Selerowicz (Hrsg.): Das KZ Lublin-Majdanek und die Justiz Strafverfolgung und verweigerte Gerechtigkeit: Polen, Deutschland und Österreich im Vergleich, Graz, 2011, S. 95.
21 Ebd.
22 Vgl. a.a.O., S. 96.
23 a.a.O., S. 96f.
24 a.a.O., S. 97.
25 a.a.O., S. 100.
26 Vgl. a.a.O., S.101.
27 Ebd.

Majdanek[28] und war das bundesweit längste Gerichtsverfahren das Nationalsozialistische Gewaltverbrechen behandelte. Schwierigkeiten bereitete vor allem die Zeugensuche, da der Großteil der Zeugen mittlerweile verstorben oder unauffindbar war[29]. Außerdem gab es gegen einige der verdächtigten SS-Leute nur geringe Tatbestände, da sie nicht konkret verdächtigt werden konnten, an den koordinierten Morden im Konzentrationslager Majdanek beteiligt gewesen zu sein.[30]

Die Hauptverhandlung begann nach eineinhalb Jahren, in denen die Bearbeitung der Anträge zur Vernehmung der Angeklagten bearbeitet wurden [31]. In der Hauptverhandlung des Majdanek-Prozesses versuchte die Verteidigung der Angeklagten mit Anträgen für Verzögerungen in der Verhandlung zu sorgen, welche damit begründet wurden, dass „[...]negative Formulierungen gefallen [seien] wie *Massenmord* oder *Völkermord.*" Der Versuch, den Prozess zu verzögern, scheiterte jedoch, da das Gericht die Anträge der Verteidigung mit der Begründung, dass „[...] keine negativen Wertungen [gefallen sind], sondern [...] *historische Tatsachen/-bestände* [beschrieben wurden]" [32]. Das Urteil wurde am 30. Juni 1981 verkündet: Sechs Männer und zwei Frauen wurden zu einmal lebenslanger Haft und sieben Freiheitsstrafen zwischen drei und zwölf Jahren verurteilt. Die übrigen Angeklagten wurden aufgrund mangelnder Beweislage freigesprochen. Außerdem verstarb einer der Angeklagten während des Prozesses und ein anderer wurde wegen Verhandlungsunfähigkeit freigesprochen [33].

3.1 Biografie

August Wilhelm Reinartz soll nach eigenen Angaben, vor dem Lubliner Kriegsgericht, am 7. März 1910 in Langenfeld bei Düsseldorf geboren sein. Er soll deutscher Staatsbürger sein, sowie ein Ausgebildeter Krankenpfleger (Sanitäter) sein, zudem sei er seit 1939 ein Mitglied der SS-Einheit im Militär bis zur Kapitulation Deutschlands im 2.Weltkrieg, unter anderem sei

---

28 Bundeszentrale für Politische Bildung: Die Familie Chotzen Lebenswege einer jüdischen Familie von 1914 bis heute, in 2011: http://www.chotzen.de/bibliothek/suchergebnis?searchterm=majdanek&suchb ereich=glo ssar, (Abrufdatum: 08.02.2019).
29 Sabine Horn, Erinnerungsbilder Auschwitz Prozess und Majdanek Prozess im westdeutschen Fernsehen, 09.Dezember.2009, S 61.
30 Bundeszentrale für Politische Bildung: Die Familie Chotzen Lebenswege einer jüdischen Familie von 1914 bis heute, in 2011: http://www.chotzen.de/bibliothek/suchergebnis?searchterm=majdanek&suchb ereich=glo ssar, (Abrufdatum: 08.02.2019).
31 Sabine Horn, Erinnerungsbilder Auschwitz Prozess und Majdanek Prozess im westdeutschen Fernsehen, 09.Dezember.2009, Seite 60-61.
32 a.a.O., S.63.
33 Bundeszentrale für Politische Bildung: Die Familie Chotzen Lebenswege einer jüdischen Familie von 1914 bis heute, in 2011: http://www.chotzen.de/bibliothek/suchergebnis?searchterm=majdanek&suchb ereich=glossar, (Abrufdatum: 08.02.2019).

er seit 1939 ein Mitglied der NSDAP[34].[35] Zu dem soll er beteiligt an der Selektion[36] von Konzentrationslager Häftlingen gewesen sein, die er für die Tötung in den Gaskammern heraussuchte und die Tötungen im Anschluss beobachtete.[37] Außerdem soll er nach eigenen Angaben im Jahre 1939 in die SS-Einheit zugeteilt worden sein und soll an den Kriegshandlungen gegen Holland, Belgien und Frankreich im Jahre 1940 beteiligt gewesen sein, in denen er verwundet worden sei und nach einem Aufenthalt in einem Lazarett[38] in das Konzentrationslager Majdanek eingeteilt worden sei, um seine Tätigkeit als Sanitäter für die SS-Einheit auszuüben und habe dies bis zum Februar 1944 ausgeübt.[39] Außerdem wurde er im Konzentrationslager Majdanek von den Häftlingen als relativ humaner NS-Aufseher beschrieben und er habe die Häftlinge besser behandelt als andere Aufseher im Lager.[40]

Im Alter von 36 Jahren wurde er vom Untersuchungsrichter des Bezirksgerichtes Lublin, Dr. A. Sadowski als Zeuge vernommen und berichtete dort, dass „[er sich] im Jahre 1944 mit Unterbrechungen 6 Monate im Lager Majdanek als Reviersanitäter [befand]. Bei dieser Gelegenheit [habe er] von Erich Mussfeld, der damals Oberscharführer war, [gehört]. [Er] hörte, daß [Erich Mussfeld] im Krematorium beschäftigt war, jedoch weiß [er] nicht, was er dort gemacht hat. Ob [Erich Mussfeld] Morde oder Grausamkeiten an Häftlingen begangen hat, weiß [er] nicht.[41]

Von den Häftlingen wurde August Wilhelm Reinartz als „Zębaty" (der mit den vorstehenden Zähnen) betitelt.[42] Von Günther Konietzy[43] wurde er beschuldigt, an Selektionen und der Verabreichung tödlicher Injektionen beteiligt gewesen zu sein, Darüber hinaus wurde er am Ende des Jahres 1944 wegen Diebstahl und Hehlerei durch das Höhere SS- und Polizeigericht in Breslau zu sechs Monaten Haft verurteilt worden. Diese Haftstrafe trat er im

---

34 Nationalsozialistische Deutsche Arbeiterpartei
35 Vgl. Claudia Kuretsidis-Haider, Irmgard Nöbauer, Winfried R. Garscha, Siegfried Sanwald, Andrzej Selerowicz (Hrsg.): Das KZ Lublin-Majdanek und die Justiz Strafverfolgung und verweigerte Gerechtigkeit: Polen, Deutschland und Österreich im Vergleich, Graz, 2011, Seite: 119.
36 In der Zeit des Nationalsozialismus: Die Auswahl von „nicht arbeitsverwendungsfähigen" KZ-Häftlingen , die im Anschluss ermordet wurden .
37 Vgl. Claudia Kuretsidis-Haider, Irmgard Nöbauer, Winfried R. Garscha, Siegfried Sanwald, Andrzej Selerowicz (Hrsg.): Das KZ Lublin-Majdanek und die Justiz Strafverfolgung und verweigerte Gerechtigkeit: Polen, Deutschland und Österreich im Vergleich, Graz, 2011, Seite: 117.
38 Krankenhaus für Soldaten.
39 Vgl. Claudia Kuretsidis-Haider, Irmgard Nöbauer, Winfried R. Garscha, Siegfried Sanwald, Andrzej Selerowicz (Hrsg.): Das KZ Lublin-Majdanek und die Justiz Strafverfolgung und verweigerte Gerechtigkeit: Polen, Deutschland und Österreich im Vergleich, Graz, 2011, Seite: 116-117.
40 Siehe in dieser Facharbeit „3.3.1 Verurteilung vor dem Lubliner Kriegsgericht".
41 vglReinartz Wilhelm August; Protokoll Lublin 19.08.1947, Aktenzeichen B1E2/407ARZ297/60, BD. 20, Kopiernummer 1504, Archiv: The State Museum of Majdanek.
42 Vgl. Claudia Kuretsidis-Haider, Irmgard Nöbauer, Winfried R. Garscha, Siegfried Sanwald, Andrzej Selerowicz (Hrsg.): Das KZ Lublin-Majdanek und die Justiz Strafverfolgung und verweigerte Gerechtigkeit: Polen, Deutschland und Österreich im Vergleich, Graz, 2011, Seite: 156.
43 Ebenfalls Sanitäter im Krankenrevier des Konzentrationslagers Majdanek.

Strafvollzugslager der SS und der Polizei *Danzig-Matzkau* an. Dieses Urteil wurde jedoch in eine Frontbewährung[44] geändert, in der er in sowjetische Kriegsgefangenschaft geriet.[45]

3.2. Beteiligung an der „Aktion Erntefest"

„Aktion Erntefest" ist ein Deckname, unter dem sich der koordinierte Mord an ca. 42.000 jüdischen Konzentrationslager Häftlingen vom 3. bis zum 4. November 1943 in den Konzentrationslagern Trawiniki, Poniatowa und Majdanek verbirgt und es gehört zu den größten Massenexekutionen des nationalsozialistischen Regimes[46].

Am 3. November 1943 begann mit dem Morgenappell die Massenexekution, die durch die Lagerwachmannschaften und die Unterstützung durch externe Kräfte, bewaffnete Polizisten mit Hunden und den angehörigen der SS-Totenkopfverbände[47] durchgeführt wurde.[48] An diesem Massenmord war auch August Wilhelm Reinartz beteiligt und seine Beteiligung an der „Aktion Erntefest" war auch ein ausschlaggebender Beweis, der seine Vernehmung am Majdanek-Prozess begründete. Seine Teilnahme an diesem Mordprozess begründete er vor dem Gericht des Majdanek-Prozesses damit, dass dass „wenn [ihm] die Frage gestellt wird, weshalb [er] mitgeschossen habe, so muss [er] dazu sagen, dass man nicht gerne als Feigling gelten wollte" und, dass „[...] reichlich Schnaps zu Verfügung gestellt [wurde] [...].".[49] Ein Hundeführer der Wachkompanie, mit dem Namen *Akis* berichtet, dass „am Morgen des 3.11.1943 [jemand] kam und sagt, es gebe eine Sonderaktion und zwei Liter Schnaps und 200-400 Zigaretten für den, der mitmachen wollte".[50] Dazu fügt er auch hinzu,dass, „[...] [er] wusste, dass [mit der Sonderaktion] Erschießungen gemeint waren" und dass „man [...] das Heranbringen der auswärtigen Juden sehen [konnte und dass] das Schießen von [seinem] Posten zu hören [war, sowie dass] das Schießen bis zum Einbruch der Dunkelheit [ging]."[51] Zu dieser Massenexekution sagte auch Heinrich Bocholt, ein Wachposten aus der 1.Kompa-

---

44   Militärischer Einsatz in Kriegen, zu meist an vorderster Front.
45   Claudia Kuretsidis-Haider, Irmgard Nöbauer, Winfried R. Garscha, Siegfried Sanwald, Andrzej Selerowicz (Hrsg.): Das KZ Lublin-Majdanek und die Justiz Strafverfolgung und verweigerte Gerechtigkeit: Polen, Deutschland und Österreich im Vergleich, Graz, 2011, Seite: 156.
46   Ein Projekt des Leistungskurses Geschichte Q1 der Friedrich-v. Bodelschwingh-Schulen Bethel: Geschehen und Gedenken Spurensuche in Majdanek und Belzec; 3.November 1943-Welche Bedeutung hat die „Aktion-Erntefest" für den Distrikt Lublin und die Shoa?, in:http://gymnasium-bethel.de/geschichte/projekt %202013/, 2013, PDF Seite: 1, (Abrufdatum: 11.02.2019).
47   Teile der Schutzstaffel (SS), die damit beauftragt war, die Konzentrationslager zu bewachen.
48   Vgl. Ein Projekt des Leistungskurses Geschichte Q1 der Friedrich-v. Bodelschwingh-Schulen Bethel: Geschehen und Gedenken Spurensuche in Majdanek und Belzec; 3.November 1943-Welche Bedeutung hat die „Aktion-Erntefest" für den Distrikt Lublin und die Shoa?, in:http://gymnasium-bethel.de/geschichte/projekt%202013/, 2013, PDF Seite: 1, (Abrufdatum: 11.02.2019).
49   a.a.O., S. 4.
50   Ebd.
51   Ebd.

nie, welcher die „Aktion Erntefest" aus 10m Entfernung zu den Erschießungsgräben beobachtete aus, dass er „von [seinem] Standpunkt [...] beobachten [konnte], wie von anderen Angehörigen [seines Bataillons] die Juden nackend aus den Baracken herausgetrieben [haben]" und er sagt auch aus, dass „[er] über die Zahl der Opfer [...] keine Angaben machen [kann], [denn] es waren [...] unheimliche viele."[52]

3.3.1 Verurteilung vor dem Lubliner Kriegsgericht

Am 25. September.1947 wurde August Wilhelm Reinartz von der Lubliner Staatsanwaltschaft angeklagt und damit begann auch der erste Prozess, welcher über seine Taten im Konzentrationslager Majdanek urteilen sollte.[53] Aus seiner Anklageschrift konnte ich entnehmen, dass er von der Lubliner Staatsanwaltschaft aufgrund seiner Tätigkeiten im Konzentrationslager Majdanek angeklagt worden ist. Die Anklageschrift besagt auch, dass „[...] [er] an Tötungshandlungen von Häftlingen in diesem Lager teilgenommen [habe], indem er als Mitglied der SS-Organisation und als Sanitäter bei so genannten *„Selektionen"* Häftlinge zum Töten in den Gaskammern herausgesucht und den Ablauf der Vergasung beaufsichtigt [habe]."[54] Zu dem wurde er, aufgrund seiner Angehörigkeit zur SS-Organisation „in der Zeit von September 1939 bis Februar 1945 in Lublin und im Gebiet des Deutschen Reiches" angeklagt.[55] Diese Anklage wurde mit seinem Werdegang in der Waffen-SS ab dem 15. August 1939 und seiner anschließenden Versetzung in das Konzentrationslager Majdanek begründet. Des Weiteren wurden ihm seine Aussagen vor den russischen Behörden zur Last gelegt, in denen er erklärte, dass „[...] er kranke Häftlinge zum Töten in den Gaskammern herausgesucht sowie fünf Mal an Tötungen von Häftlingen in den Gaskammern, bei denen insgesamt siebenhundert Personen vernichtet worden sind, teilgenommen habe."[56] Anschließend seien „[die] Leichen der vergasten Menschen [...] im Krematorium verbrannt worden."[57] [58]

---

52 Ein Projekt des Leistungskurses Geschichte Q1 der Friedrich-v. Bodelschwingh-Schulen Bethel: Geschehen und Gedenken Spurensuche in Majdanek und Belzec; 3.November 1943-Welche Bedeutung hat die „Aktion-Erntefest" für den Distrikt Lublin und die Shoa? , in:http://gymnasium-bethel.de/geschichte/projekt%202013/, 2013, PDF Seite: 4, (Abrufdatum: 11.02.2019).

53 Claudia Kuretsidis-Haider, Irmgard Nöbauer, Winfried R. Garscha, Siegfried Sanwald, Andrzej Selerowicz (Hrsg.): Das KZ Lublin-Majdanek und die Justiz Strafverfolgung und verweigerte Gerechtigkeit: Polen, Deutschland und Österreich im Vergleich, Graz, 2011, Seite: 116.

54 Ebd.

55 a.a.O., S. 116ff.

56 Claudia Kuretsidis-Haider, Irmgard Nöbauer, Winfried R. Garscha, Siegfried Sanwald, Andrzej Selerowicz (Hrsg.): Das KZ Lublin-Majdanek und die Justiz Strafverfolgung und verweigerte Gerechtigkeit: Polen, Deutschland und Österreich im Vergleich, Graz, 2011, Seite: 117.

57 Ebd.

58 Einzelheiten siehe Seite 3 (3. Zu Person August Wilhelm Reinartz) dieser Facharbeit .

Die Hauptverhandlung begann am 28. Oktober 1947 in Lublin und war öffentlich. Es wurden fünf Zeugen vom Anwalt des Angeklagten geladen, welche „[...] über das Verhältnis des Angeklagten zu den Häftlingen in Majdanek insgesamt aussagen [sollten] sowie über die Tätigkeit des Angeklagten im Lager und auch darüber, dass er Häftlinge wohlwollend behandelt [habe], Häftlinge des Lagers Majdanek mit dem Polnischen Roten Kreuz zusammengebracht [habe] und es dadurch ermöglicht habe, dass das Polnische Rote Kreuz den Lagerhäftlingen hervorragende Hilfe leisten [konnte]"[59] Dieser Antrag wurde jedoch durch einen durch den Staatsanwalt erhobenen Einspruch abgelehnt und statt dessen wurde „[...] die von der Verteidigung gestellte Zeugin Helena Pawluk [...]"[60] am ersten Tag der Hauptverhandlung vernommen.

August Wilhelm Reinartz wurde von dem Vorsitzenden des Kriegsgerichts befragt, [...] ob er sich zu den ihm vorgeworfenen Taten[61] bekenne und was er dazu zu sagen habe [...]", woraufhin der Angeklagte sich als nicht schuldig bekannte und dies begründete er damit, dass [...] [er] an Tötungen von Menschen im Lager nicht teilgenommen habe, [denn] diese Rolle erfüllten die Ärzte [im Konzentrationslager Majdanek]".[62] Dazu fügte er noch hinzu, dass er nur aufgrund von Gerüchten, welche „[...] im Lager kreisten [...]" wüsste, dass „[...] Menschen zum Töten in die Gaskammer geschickt wurden".[63] Anschließend sagte August Wilhelm Reinartz noch einmal aus, dass „[er] keinen Menschen für die Gaskammer selektiert, [sowie] keine Häftlinge bewacht [habe] und [er] habe keine Häftlinge in die Gaskammern geführt".[64] Nach eigenen Angaben war er niemals in den Gaskammern und habe auch die Tötungshandlungen durch das „Guckloch" nicht beobachtet, zu alledem fügte er noch hinzu, dass „[er] offiziell nichts darüber gewußt [habe], dass in Majdanek Menschen massenweise vernichtet wurden, [er] habe davon nur von anderen Aufsehern gehört."[65] Er fügte noch hinzu, dass er bei jeder Gelegenheit bei der er das Lager verlassen konnte, polnische Ärzte, welche sich auch unter den Häftlingen befanden, mit sich nahm und damit „[...] ermöglichte [er] ihnen den Kontakt mit ihren Familien."[66] Seine Haftstrafe, welche durch das Hohe SS-

59 Claudia Kuretsidis-Haider, Irmgard Nöbauer, Winfried R. Garscha, Siegfried Sanwald, Andrzej Selerowicz (Hrsg.): Das KZ Lublin-Majdanek und die Justiz Strafverfolgung und verweigerte Gerechtigkeit: Polen, Deutschland und Österreich im Vergleich, Graz, 2011, Seite: 120.
60 a.a.O., S.121.
61 Siehe in dieser Facharbeit Seite 7, Z.3ff. (5.1 August Wilhelm Reinartz vor dem Lubliner Kriegsgericht)
62 Claudia Kuretsidis-Haider, Irmgard Nöbauer, Winfried R. Garscha, Siegfried Sanwald, Andrzej Selerowicz (Hrsg.): Das KZ Lublin-Majdanek und die Justiz Strafverfolgung und verweigerte Gerechtigkeit: Polen, Deutschland und Österreich im Vergleich, Graz, 2011, Seite: 121.
63 Ebd.
64 Ebd.
65 Claudia Kuretsidis-Haider, Irmgard Nöbauer, Winfried R. Garscha, Siegfried Sanwald, Andrzej Selerowicz (Hrsg.): Das KZ Lublin-Majdanek und die Justiz Strafverfolgung und verweigerte Gerechtigkeit: Polen, Deutschland und Österreich im Vergleich, Graz, 2011, Seite: 121.
66 Ebd.

und Polizeigericht verordnet worden war, begründete er damit, dass „[...] [er] zu einem Jahr Gefängnis verurteilt [wurde], weil [er] im Verdacht stand, Häftlingen aus Majdanek die Flucht ermöglicht zu haben."[67]

Als erste Zeugin wurde Stanisława (Stefania) Sawick aufgerufen. Sie war ab dem 08. Januar 1943 Gefangene in Majdanek und arbeitete nach eigenen Angaben in der Ambulanz.[68] Sie sagt über die Tätigkeiten August Wilhelm Reinartz' aus und erwähnte, dass „[...] [der Ange-klagte] [berechtigt war], das Revier zu kontrollieren und [...] [er habe] kleine Eingriffe bei kranken Häftlingen durch[geführt]."[69] Über die von ihm getätigten Selektionen konnte sie nicht Aussagen aber sie sagte aus, dass „[...] [sie sich erinnere], dass der Angeklagte [ein-mal in der Baracke] erschienen war und sagte, dass alle jüdischen Frauen das Revier verlas-sen sollten [und] an diesem Tage verließen alle jüdischen Frauen das Revier und keine von ihnen [sei] zurückgekommen."[70] Zu dem sagte sie, dass „er [...] anständig [war]".[71] Jedoch wurde die Zeugen darauf hingewiesen, dass diese Aussagen ihren Aussagen vom 18. Sep-tember 1946 widersprachen. Denn dort sagte sie aus, dass „[...] [die] Selektionen [von] deut-sche[n] Ärzten [durchgeführt worden waren] [und] der Angeklagte ihnen dabei behilflich [war]. [...] Der Angeklagte [sei] mit den Ärzten [dabei gewesen] und [soll] an solchen Selektionen teil[genommen haben]. Zuerst [sollen] die Häftlinge beim Anblick des *Zębaty* wirklich vor ihm [gezittert haben], später [...] [soll] er viel angenehmer [gewesen sein]."[72] Außerdem erwähnte sie in dieser Aussage, dass „[...] der Angeklagte nach einer Selektion am 2. oder 3. Novem-ber 1943 ausselektierte Häftlinge mitgenommen [habe und dass, der Angeklagte] an diesem Tag [...] nicht wieder ins Revier zurückgekommen [sei] [...] [und sie wüsste] nichts darüber, ob der Angeklagte Häftlingen den Kontakt mit ihren Familien ermöglicht [habe]."[73] Ein andere Zeuge mit dem Namen *Bronislaw Baran* sagte Ähnliches aus und meinte auch, dass er den Angeklagten bei Exekutionen sah und dass er sich trotz seiner Position ihm und anderen Häftlingen gegenüber gut benahm und sie sich eigentlich nicht vor ihm fürchteten.[74] Die dritte Zeugin *Helena Pawluk* sagte auch aus, dass der Angeklagte viel humaner gearbeitet habe und dass „[...] [er] in Majdanek als der einzige verhältnismäßige menschliche Deutsche

---

67 Claudia Kuretsidis-Haider, Irmgard Nöbauer, Winfried R. Garscha, Siegfried Sanwald, Andrzej Selerowicz (Hrsg.): Das KZ Lublin-Majdanek und die Justiz Strafverfolgung und verweigerte Gerechtigkeit: Polen, Deutschland und Österreich im Vergleich, Graz, 2011, Seite: 121.
68 Vgl. a.a.O., S.122
69 Ebd.
70 Ebd.
71 Ebd.
72 Ebd.
73 Claudia Kuretsidis-Haider, Irmgard Nöbauer, Winfried R. Garscha, Siegfried Sanwald, Andrzej Selerowicz (Hrsg.): Das KZ Lublin-Majdanek und die Justiz Strafverfolgung und verweigerte Gerechtigkeit: Polen, Deutschland und Österreich im Vergleich, Graz, 2011, Seite: 122.
74 Vgl. ebd.

[galt]".[75] Zuerst wurde nach all diesen Zeugenaussagen und seiner Vernehmung als Gesamtstrafe die Todesstrafe verhängt, obwohl er sich für nicht schuldig erklärte. Die Strafe wurde damit begründet wurde, dass „es [...] unvorstellbar [sei], dass der Angeklagte, der im Lager eine verantwortliche Funktion ausgeübt [habe] und sich im Lager frei bewegen [könne], nicht gewusst und nicht gesehen haben soll, dass im Lager Selektionen durchgeführt und Menschen in den Gaskammern vernichtet worden sind, dass Tag und Nacht die Krematoriumsöfen rauchten [...] und dass Leichen unter freie[m] Himmel auf Scheiterhaufen verbrannt wurden."[76]

Nach einer Untersuchung des Prozesses durch das Oberste Gerichtshof Lublin wurden einige Verstöße bei der Urteilsbildung festgestellt, welche unter anderem entlastende Zeugenaussagen nicht berücksichtigte und somit kein gerechtes Urteil gefällt werden könne und somit wurde das Todesurteil zurückgezogen und der Prozess wurde vom Lubliner Kriegsgericht wieder aufgenommen.[77] Hier haben die Zeugenaussagen aus dem ersten Prozess, sowie die erneut getätigten Aussagen entlasten auf den Angeklagte gewirkt. *Stefania Sawicka* erwähnte erneut, dass „[...] der angeklagte während ihres Aufenthaltes in Majdanek sehr vielen Kranken geholfen habe [und] die Selektionen habe Dr.Blancke [Stationsarzt] duchgeführt."[78] Die anderen Zeugen sagten ebenfalls entlastend und zugunsten des Angeklagten aus.[79] Anschließend hat das Gericht diese Aussagen berücksichtigt begründete es damit, dass „das Gericht [...] den Erklärungen des Angeklagten Glauben [schenkt], [...] dass er den Dienst unter Zwang ausgeübt [habe] und wo er gekonnt habe, habe er den Polen geholfen und sich dabei selbst gefährdet, dass er an Selektionen nicht teilgenommen habe, was alle Zeugen bestätigt hätten."[80] Er wurde danach zu einer „[...] außergewöhnlich milde[n] Strafe", zu zwei Jahren Freiheitsstrafe verurteilt.[81]

3.3.2 Freispruch im Düsseldorfer Majdanek-Prozess

Die verbrochenen Taten im Konzentrationslager Majdanek wurden im Düsseldorfer Majdanek-Prozess erneut aufgenommen und unter den Angeklagten befand sich auch August Wil-

75 Vgl. Claudia Kuretsidis-Haider, Irmgard Nöbauer, Winfried R. Garscha, Siegfried Sanwald, Andrzej Selerowicz (Hrsg.): Das KZ Lublin-Majdanek und die Justiz Strafverfolgung und verweigerte Gerechtigkeit: Polen, Deutschland und Österreich im Vergleich, Graz, 2011, Seite: 122.
76 a.a.O, S.127.
77 Vgl. a.a.O., S.128ff.
78 a.a.O, S.139.
79 Vgl a.a.O, S. 139f.
80 Vgl. Claudia Kuretsidis-Haider, Irmgard Nöbauer, Winfried R. Garscha, Siegfried Sanwald, Andrzej Selerowicz (Hrsg.): Das KZ Lublin-Majdanek und die Justiz Strafverfolgung und verweigerte Gerechtigkeit: Polen, Deutschland und Österreich im Vergleich, Graz, 2011, S.140.
81 Vgl. ebd.

helm Reinartz. Jedoch kam es hier nie zu einer Vernehmung und er wurde wegen einer Krankheit im Endstadium und der daraus resultierenden Verhandlungsunfähigkeit freigesprochen.[82]

4. Kritische Aussagen von Johannes Rau zum Majdanek-Prozess

Der Majdanek-Prozess erregte innerhalb, sowie außerhalb des Prozesses kritische Positionen, was die Angeklagten des Prozesses angeht. Dabei kam es zu Meinungsäußerungen gegenüber den Aussagen der Angeklagten, sowie über den Prozess im Allgemeinen.
Der ehemalige NRW-Ministerpräsident und Bundespräsident Johannes Rau äußerte auch seine Meinung zum Majdanek-Prozess und sagte: „Auf einem anderem Blatt steht der moralische Aspekt, steht die Betroffenheit. Kein rechtsstaatlich denkender Bürger kann verstehen, dass SS-Schergen, wie sie im Majdanek-Prozess vor Gericht standen, wegen Beihilfe zum Massenmord nur zu drei Jahren Freiheitsentzug verurteilt worden sind."[83] Auf die Frage „[...] warum die Bemühungen, die Verbrechen der NS-Diktatur mit Mitteln des Strafrechts aufzuarbeiten und ihren Opfern Gerechtigkeit widerfahren zu lassen, nur teilweise gelungen sind"[84], antwortete Johannes Rau ebenfalls und sagte: „ Ein wesentlicher Unterschied zwischen dem Terrorsystem der NS-Diktatur und unserem freien, demokratischen Rechtsstaat besteht eben darin, daß bei uns versucht wird, Recht zu sprechen. Dazu gehört auch, daß mutmaßliche Massenmörder Anspruch auf eine bestmögliche Verteidigung haben. Sie sind Bürger unseres Staates, so sehr uns das auch bedrücken mag. Die Richter und Schöffen mussten sich an die gesetzlichen Normen halten."[85]

5. Schlussbetrachtung

Nach ausführlicher Ausarbeitung der Ergebnisse meiner Recherche ist es möglich, die in der Einleitung genannte Forschungsfrage zu beantworten und die gesamte Thematik abschließend zusammenzufassen. Die Forschungsfrage thematisierte den Umgang mit den Tätern nach dem NS-Regime am Beispiel August Wilhelm Reinartz' während der Majdanek-Prozes-

---

82 Vgl. LG Düsseldorf 8 KS 1/75, http://www.tenhumbergreinhard.de/taeter-und-mitlaeufer/gerichtsverfahren-nach-1945/lg-duesseldorf-8-ks-1-75.html, 2011, (Abrufdatum 21.02.2019).
83 Ein Projekt des Leistungskurses Geschichte Q1 der Friedrich-v. Bodelschwingh-Schulen Bethel: Geschehen und Gedenken Spurensuche in Majdanek und Belzec; 3.November 1943-Welche Bedeutung hat die „Aktion-Erntefest" für den Distrikt Lublin und die Shoa? , in:http://gymnasium-bethel.de/geschichte/projekt%202013/, 2013, PDF Seite: 3 (Abrufdatum: 21.02.2019).
84 Juristische Zeitgeschichte Band4 NS-Verbrechen und Justiz, Justizministerium des Landes NRW, 1996, S.233.
85 Ebd.

se und inwiefern die Täter nach dem NS-Regime verurteilt worden sind. Die Täter des NS-Regimes wurden zwar verurteilt, jedoch fand diese Verurteilung nur auf der Grundlage der vorgegebener Gesetzeslage statt. Alle verurteilten Täter auch August Wilhelm Reinartz wurden wegen ihren Taten und den daraus resultierenden Gesetzesbrüchen angeklagt und verurteilt und alles orientierte sich an der gesetzlichen und juristischen Norm. Dies ist auch der Grund weshalb die Strafen am Ende, neben den vergangenen Taten eher mild ausgefallen sind. Denn neben den juristischen und gesetzlichen Normen gibt es noch die moralische Schuld, welche durch keine Freiheitsstrafen getilgt werden kann. Die Frage nach der moralischen Schuld und die Frage warum diese bei der Verurteilung der Täter nicht mit einbezogen wird verstärkt die Wahl meines Themas für diese Facharbeit, denn die moralische Schuld muss mehr in den Vordergrund gerückt werden um meines Ermessens nach gerechter über die Verbrechen Urteilen zu können. Und um diese moralische Schuld thematisieren zu können, werde ich mich auf die Studienfahrt vom 10. bis 19. November 2019 nach Polen und den Besuchen der Gedenkstätten Majdanek und Belzec und die dadurch entstandenen Gefühle und Gedanken beziehen.

Meiner Meinung nach kann man einen SS-Mann und die Taten, die er im Konzentrationslager Majdanek begangen hat, nicht mit den juristischen Normen und der aktuellen Gesetzesgebung verurteilen. Außerdem ist es unverständlich mit welchen milden Strafen einige Hauptakteure des NS-Regimes aus den NS-Prozessen entkommen. Wenn man sich Gedanken darüber macht, was diese Menschen in den Konzentrationslagern durchmachen mussten, Ereignisse wie Gewalt, Zwangsarbeit, Selektionen oder Tötungen und sich dann Gedanken darüber macht, wer für dieses Leid zuständig war, kann ich nicht verstehen, warum die Hauptakteure dieses Leidens nur mit juristischem Vorgehen verurteilt werden. Zu dem es auch nicht möglich ist, die gesamte Schuld der Täter durch Gesetzesverstöße zu richten. Als Beispiel könnte man auch den Belzec-Prozesses nehmen, in dem der für die 500.000 Toten Juden verantwortliche Leiter des Lagers mit einer Freiheitsstrafe von 12 Jahren entkam, da man ihm alle Morde, aufgrund fehlende Beweise nicht zur Last legen konnte, obwohl er die Tötungen geleitet hatte und somit auch für die Morde verantwortlich war. Vor Gericht wird die moralische Schuld nicht gesucht oder verurteilt, da man diese auch nicht beweisen kann, aber da Frage ich mich, ob die Täter ohne die Integration dieser Schuldfrage überhaupt ihre gerechte Strafe erhalten können. Um die moralische Schuld bewerten zu können muss man sich erst einmal bewusst machen und versuchen zu verbildlichen was während des Holocausts geschehen ist und dies, ist dass eigentliche Problem, da es einfach nicht möglich ist sich vorzustellen wie es den Häftlingen in den Konzentrations- und Vernichtungslagern ergangen ist. Aber um sich wenigstens ein Bild davon machen zu können sind die Aufenthalte in Gedenkstätten meiner Meinung nach wichtig. Auch wenn man wie in der Gedenkstätte Belzec kaum etwas sieht, da dort alle Spuren der Verbrechen vernichtet worden sind, wirkt dieser Ort auf mich sehr bedrückend und weckt auch einige Gefühle, die mich zum Nachdenken angeregt haben und ich mich fragte, wer sich das Recht nahm sich über andere Menschen zu stellen und wie man anderen Menschen solch ein Leid antun konnte. Die Besuche beider Gedenkstätten haben mich persönlich sehr zum Nachdenken gebracht. Nach dem wir oft bei den Führungen durch die Gedenkstätten zu hören bekommen haben, dass es sehr oft zu Vandalismus in den Gedenkstätten kommt, wurde mir bewusst das die Thematik um die Erinnerungskultur des Holocausts mit viel zu wenig Respekt und Ernsthaftigkeit angegangen wird. Das es überhaupt dazu kommen kann das Museumsgegenstände, wie Schuhe der ehemaligen Häftlinge entwendet werden oder, dass in Belzec im sogenannten „Raum der Stille" unangebracht Lärm gemacht wird und den eigentlich Sinn dahinter, die Stille zum Nachdenken und zu Trauer zu nutzen, zweckentfremdet wird, zeigt wiederholt, dass die Erinnerungskultur einfach nicht mit dem nötigen Respekt angegangen wird. Schlussendlich ist eine solche Studienfahrt für mein Empfinden sehr fördernd, was die Interpretation des Einzelenden über den Holocaust anregt.

6. Literatur-/Quellenverzeichnis

Archiv: The State Museum of Majdanek. *Reinartz Wilhelm August; Protokoll Lublin 19.08.1947*, Aktenzeichen B1E2/407ARZ297/60, BD. 20, Kopiernummer 1504,

Bundeszentrale für Politische Bildung (2011). *Die Familie Chotzen Lebenswege einer jüdischen Familie von 1914 bis heute. Online unter URL: http://www.chotzen.de/bibliothek/ suchergebnis?searchterm=majdanek&suchb ereich=glo ssar, (Stand 25.02.2019)*

Claudia Kuretisidis-Haider, Irmgrad Nöbauer, Winfried R. Garscha, Siegfried Sanwald, Andrzej Selerowicz (Hrsg.) (2011). *Das KZ Lublin-Majdanek und die Justiz Strafverfolgung und verweigerte Gerechtigkeit: Polen, Deutschland und Österreich im Vergleich.* Graz

Ein Projekt des Leistungskurses Geschichte Q1 der Friedrich-v. Bodelschwingh-Schulen Bethel (2013). *Geschehen und Gedenken Spurensuche in Majdanek und Belzec; 3.November 1943-Welche Bedeutung hat die „Aktion-Erntefest" für den Distrikt Lublin und die Shoa?. Online unter URL:http://gymnasium-bethel.de/geschichte/projekt%202013/,* (Stand 25.02.2019)

Justizministerium des Landes NRW (1996). *Juristische Zeitgeschichte Band4 NS-Verbrechen und Justiz*

Sabine Horn (2009). *Erinnerungsbilder Auschwitz Prozess und Majdanek Prozess im westdeutschen Fernsehen.*

Tenhumberg Reinhard (2011). *LG Düsseldorf 8 KS 1/75.* Online unter URL: http://www.tenhumbergreinhard.de/taeter-und-mitlaeufer/gerichtsverfahren-nach-1945/lg-duesseldorf-8-ks-1-75.html, (Stand 25.02.2019)